Marianne B. Lusson

Il va y avoir du changement

Illustrations de
Claire Delvaux

Collection dirigée par
Michel Piquemal

SEDRAP Jeunesse

Marianne B. Lusson

Il y a quelques années, à Londres, je manipulais des éprouvettes remplies de produits colorés. Je cherchais à découvrir des formules magiques pour guérir les gens. Mais il y avait toujours autour de moi un ou deux livres ouverts pour satisfaire ma curiosité et mes envies.

Aujourd'hui, je vis près de Nantes, où je manipule les mots pour inventer des histoires : une pointe d'humour par-ci, un zeste de sérieux par-là, et c'est parti !

Il va y avoir du changement ! est mon premier roman jeunesse.

Claire Delvaux

À l'âge de notre héroïne, j'avais déjà déménagé plusieurs fois puisque je vivais même à l'étranger. Mais pas besoin d'aller au bout du monde pour voyager : dans les bibliothèques et librairies, les voyages sont à portée de main !

La lecture, l'écriture et le dessin ont toujours été mes passions. Et je suis devenue illustratrice !

Aujourd'hui, je passe toujours autant de temps dans les bibliothèques et librairies, avec ceci de différent que parfois, j'y trouve certaines de mes créations, prêtes à faire voyager d'autres enfants !

À mes filles, impitoyables lectrices.

À Guillaume, ex-externalisable.

CHAPITRE 1

IL VA Y AVOIR DU CHANGEMENT !

Ce soir-là, nous dinons dans la cuisine, tous les quatre. Papa a préparé ses fameuses lasagnes.
Soudain, le téléphone sonne. Papa se lève et décroche : il devient tout blanc. Il se rassoit lourdement face à Maman et la regarde… bêtement. Je l'entends à nouveau prononcer cette petite phrase. Quelques mots qui ont déjà bouleversé nos vies, il y

a quelques mois : « Il va y avoir du changement ! »
Tout de suite après, Maman se lève de table et se dirige d'un pas décidé vers le frigo. Elle ouvre sèchement la porte en déclarant : « Les filles, dépêchez-vous de finir, il y a école demain !!! »
Maman claque la porte du frigo et brandit la bouteille de ce curieux liquide qui ressemble à de l'eau et que lui a offert sa copine polonaise.
Je me demande si Maman va réaliser que nous venons à peine de terminer le plat et que nous attendons le dessert, ou alors si Al, ma petite sœur, va oser demander son incontournable yaourt quotidien.
« Et les yaourts ? » demande Al, qui n'a apparemment pas senti venir l'orage.
Sacrée Al ! Maman pose bruyamment les deux verres qu'elle vient de rap-

porter sur la table et nous lance un regard furibond en nous invitant à « nous bouger les fesses »... Sans attendre, je me précipite vers le frigo à la recherche de nos laitages... L'atmosphère devient électrique. Al plonge le nez dans son assiette en attendant que je lui serve son yaourt. Papa essuie mécaniquement la vaisselle, délaissée près de l'évier, tandis que Maman remplit leurs verres d'eau de Pologne. Al et moi avalons prestement nos yaourts après un coup d'œil entendu... Ce n'est pas le moment de se faire remarquer. Cela se confirme quand Maman nous lance :
« C'est bon, les filles, allez-vous préparer pour le lit, je débarrasserai la table ! »
C'est clair, ils sont pressés de se retrouver seuls.
Et il n'en faut pas plus pour aiguiser

ma curiosité… Grâce à la porte restée entrouverte, j'écoute ce que Maman et Papa se disent. Al me rejoint après un lavage express des dents. « Qu'est-ce qui se passe ? » me chuchote-t-elle. Je lui traduis au fur et à mesure ce que je comprends en lui faisant signe de rester discrète.

CHAPITRE 2

MUTATION DANS LE GRAND OUEST

Cette situation a un petit air de déjà-vu qui me ramène environ six mois en arrière.
À l'époque, nous habitions un joli petit pavillon de banlieue près de Paris. En rentrant du bureau, ce soir-là, Papa apprenait fièrement à Maman qu'il avait obtenu une mutation dans l'Ouest, près de Nantes. Nous avions épluché ensemble la carte de France pour repérer notre future destination. Papa et Maman nous avaient décrit avec enthousiasme la vie qui nous

attendait là-bas, loin de la grisaille parisienne.
Quelques semaines plus tard, notre maison était en vente et les valises de Papa se dressaient sur le pas de la porte. Il était attendu avec impatience à son nouveau poste de travail nantais. Pendant la semaine, nous resterions donc entre filles jusqu'aux vacances scolaires, pour terminer notre année ! Papa rentrerait le week-end et nous téléphonerait tous les jours. Et le téléphone, ça le connait puisqu'il travaille dans les télécommunications ! Si tout allait comme mes parents l'avaient planifié, début juillet, le pavillon serait vendu, et nos affaires bien empaquetées dans des cartons prêts à partir !
Al était très excitée à l'idée de déménager. Je crois qu'elle était aussi très pressée de retrouver Papa pour que

la famille soit de nouveau réunie. Chaque dimanche soir, Al pleurait à chaudes larmes en voyant disparaitre la voiture de Papa au coin de la rue. Pendant cette période, Maman était partout à la fois et de larges cernes bleus soulignaient ses yeux. Après sa journée de travail, elle nous récupérait à l'école, rangeait et récurait la maison pour les visites que l'agence immobilière nous programmait régulièrement. Et puis, il y avait tout le quotidien à gérer! Je crois que Papa lui manquait aussi beaucoup. Je faisais de mon mieux pour lui donner un coup de main et la seconder.

Et pourtant, moi, j'aimais beaucoup ma maison, ma chambre framboise et jaune qui donnait sur les rosiers de notre petit jardin. J'aimais beaucoup ma maitresse et mes copines de classe: Claire, Oriane, Manon et surtout Axelle. Avec Axelle, on s'entendait parfaitement bien. On se ressemblait beaucoup. Une fois, à la piscine, le moniteur de natation nous avait prises pour des sœurs jumelles, ce qui nous avait follement amusées ! On rigolait en général des mêmes choses, les garçons ne nous intéressaient pas et ce que l'on aimait par-dessus tout, c'était les poneys. Tous les samedis matins, on se retrouvait au centre équestre, au milieu des champs, pour monter Cabriole et Apache, nos deux poneys préférés.

Je me rendais compte que je n'avais vraiment aucune envie de partir !

CHAPITRE 3

LE DÉMÉNAGEMENT

Et pourtant, ce jour-là, un énorme camion de déménagement avala toutes nos affaires… cartons et meubles ! Après quelques heures, la maison était vide comme une coquille d'huitre. Ma chambre résonnait, les murs semblaient s'être rapprochés et Al s'amusait gaiement à faire de l'écho dans chaque pièce !
L'heure était venue de faire un dernier tour de la maison. Dans le jardin, je regardais, encore un instant, notre balançoire s'agiter doucement.

J'avais une boule qui s'était formée au creux de mon ventre.
Elle montait et descendait comme un yoyo. Al courait dans tous les sens, loin du sentiment de mélancolie qui s'insinuait en moi. La regarder s'agiter ainsi me donnait la gerboulade.

Puis, nous regardâmes s'éloigner le camion de déménagement. Maman tourna pour la dernière fois la clé dans la serrure. Nous jetâmes un dernier regard au portail qui s'était refermé sur le jardin. Nous passâmes une dernière fois devant l'école maternelle d'Al, puis devant mon école. Mon chagrin s'épaississait et envahissait mes yeux. Les rues étaient désertes. C'était samedi. Axelle était certainement en train de seller Apache. Nos « au revoir », nos serments et toutes nos promesses me revinrent en mémoire et me vrillèrent

le cœur. J'avais peur de ne plus jamais la revoir.
Maman s'employa à nous égayer pendant tout le trajet, tandis qu'Al ponctuait chaque quart d'heure par une seule et même question : « Quand est-ce qu'on arrive à la mer ? » et que Maman patiemment lui répondait : « Bientôt, bientôt ! »
J'abandonnai ma tête contre la vitre froide. Bercée par le ronronnement du moteur, je m'assoupis et m'évadai de ma triste réalité pour rejoindre Axelle, Apache et Cabriole...

CHAPITRE 4

ARRIVÉE À NANTES

Nous arrivâmes du côté de Nantes sous un soleil radieux.

J'étais heureuse de retrouver Papa. Il m'avait beaucoup manqué. Il rayonnait en nous faisant visiter notre maison de location. Ma chambre à l'étage était minuscule et en plus, je la partageais avec Al, qui frétillait de joie. Elle baptisa nos lits à pieds joints sans plus attendre. Notre fenêtre donnait sur un tilleul majestueux… Notre ciel serait vert à compter d'aujourd'hui.

Papa et Maman avaient fait tout leur possible pour que nous nous sentions bien dans notre nouveau nid: les murs étaient couverts de posters de poneys et nous retrouvâmes notre bric à brac, bien rangé dans des caisses colorées. Al commença à farfouiller, toute à sa joie de retrouver ses figurines préférées. En moins de deux, elle couvrit chaque parcelle de parquet de Playmobil, Petshop et de dinosaures en plastique. Je repérai aussi ma collection de romans, alignée soigneusement sur une étagère au-dessus de mon lit.

Dans plusieurs autres pièces se dressaient des murs de cartons. Maman et Papa ne voulaient pas tous les déballer, car ils comptaient bien trouver rapidement une maison à acheter dans les environs. Papa avait déjà quadrillé le secteur à vélo pendant ses soirées en célibataire et voulait nous emmener dans des endroits… magiques!

La bonne humeur des retrouvailles était contagieuse.
Malheureusement, pour moi, elle ne durait pas. Le soir, dans mon lit, j'écoutais le léger ronflement d'Al et la mélancolie me submergeait comme une vague de grande marée. Rien que de penser à la rentrée prochaine, j'avais envie de disparaitre dans un trou de souris. Axelle me manquait

toujours autant et je me sentais seule, très seule.
Papa et Maman, quant à eux, étaient pleins d'énergie. Les jours suivants, ils nous emmenèrent profiter du bon air marin. Ce fut parti pour de longues balades sur les sentiers douaniers. Le vent nous soulevait les cheveux et nous fouettait le visage… il séchait aussi mes larmes! Nous arpentions les plages à la recherche de coquillages et nous construisions des châteaux de sable en attendant que la marée les engloutisse.

CHAPITRE 5

LA RENTRÉE DES CLASSES

En septembre, la rentrée des classes tant redoutée arriva.
J'avais la boule qui faisait de nouveau du yoyo dans mon ventre.
Papa et Maman avaient finalement eu un coup de cœur pour une grande maison dans un petit village voisin. La vente était retardée mais ils avaient quand même réussi à nous inscrire dans l'école communale.
Après avoir déposé Al et son sac bleu tout neuf aux portes de sa classe de maternelle, nous franchîmes le portail de ma nouvelle école. Elle était toute

grise et semblait immense. J'étais persuadée que j'allais m'y perdre ! En plus, elle portait le nom d'un célèbre mathématicien… et je n'aime pas les maths !
Le préau, où étaient affichées les listes des classes, grouillait de cartables et de retrouvailles. Les groupes d'amis se reformaient autour de moi, échangeant leurs souvenirs de vacances. Je

restais seule. J'avais de nouveau la gerboulade. Pourtant, je n'avais rien pu avaler ce matin au petit-déjeuner! Un peu à l'écart des enfants qui s'agglutinaient sous la pancarte affichant la liste des CM2-C, il y avait une grande fille avec des nattes brunes, et avec l'air aussi un peu paumé. Maman, avec son naturel habituel, s'approcha d'elle avec un large sourire.

« Bonjour, comment t'appelles-tu? demanda Maman à la jeune fille aux tresses brunes.

– Camille, répondit une petite voix.

– Camille, je te présente Jeanne. Nous venons d'arriver dans la région et Jeanne ne connait personne. »

Camille me prit la main avec un sourire. Je m'accrochai à sa main comme à une bouée et remerciai Maman intérieurement. Nous nous

rangeâmes sagement pendant que Maman échangeait quelques mots avec la maman de Camille, qui nous avait rejointes.
Un maitre vint nous chercher. Je tenais toujours Camille par la main, mais nous n'avions pas échangé un seul mot.
Pendant cette première journée d'école, Maman dénicha un poney-club à dix minutes de l'école. Sur le chemin du retour, nous décidâmes d'y faire un saut. Deux chiens nous accueillirent en remuant la queue. Sous un grand hangar, les poneys étaient pansés et sellés sous l'œil bienveillant d'une monitrice. Cool !!!
Malheureusement, le cours correspondant à mon niveau était déjà complet… impossible de s'inscrire. Mes yeux implorants ne me valurent qu'une inscription provisoire, sur liste

d'attente, à la septième place ! Autant dire que j'allais certainement devoir faire une croix sur mon activité préférée !

La déferlante m'envahit de nouveau. Je me sentais misérable. Maman me proposa d'aller au forum des associations qui se tenait le samedi suivant. Pourquoi pas ? De toutes les façons, j'avais l'impression d'avoir tout perdu.

Au forum, je m'inscrivis au roller, par défaut. C'était de l'équitation que je voulais faire.

CHAPITRE 6

LES REINES DE L'APÉRO !

Il faisait pourtant bon vivre près de Nantes. Nous avions plein de visites. La famille venait voir comment nous étions installés. Les amis passaient la soirée à la maison sur le chemin de leurs vacances, ou profitaient de la météo estivale pour passer un week-end près de la mer. Du coup, nous découvrions les environs et nous devenions les Reines de l'Apéro.

Tous les midis, Maman nous récupérait à l'école. Ensuite, après les cours, nous allions gouter au bord de la rivière et, allongées sur l'herbe,

Maman et moi regardions passer les voiliers tandis qu'Al pourchassait les canards, un bâton à la main.
Finalement, Camille et moi ne nous quittions plus et mon maitre était plutôt sympa. Il avait la peau cuivrée des corsaires du grand large et les yeux bleus comme l'océan. Cette année, à la place des cours de piscine, il nous avait organisé un stage de voile. Et puis, il avait dit à Maman que j'étais

une vraie bonne surprise ! Il inscrivait la classe à toutes les rencontres sportives possibles… athlétisme, jeux collectifs, et même endurance ! Du coup, grâce à lui, je me suis mise à aimer le sport. Papa n'en revenait pas que je lui demande de m'entrainer à la course à pied le dimanche matin.

Axelle me manquait toujours mais comme nos familles avaient prévu de passer Noël ensemble, cela nous aidait à patienter. Nous nous écrivions des lettres bombées de photos découpées dans les magazines et de petits dessins.

Papa et Maman semblaient flotter sur un petit nuage… rose ! Ils ne cessaient de s'embrasser. Leur seul sujet de désaccord était de savoir si nous allions adopter un chaton ou un chiot ! On allait peut-être avoir un animal ! Génial !!!

Je sentais que je commençais à me plaire ici, même si je préférais toujours avant…

CHAPITRE 7

TREMBLEMENT DE TERRE...

... Nous revoilà quelques mois plus tard, Al et moi, planquées derrière la porte. À l'affut d'informations à propos de ce fameux coup de téléphone, nous apprenons que le service de Papa est ex-ter-na-li-sa-ble.
« C'est un gros mot? » questionne Al qui scrute mes réactions.
Je comprends que le patron de Papa, pour faire des économies, veut vendre certaines activités dont s'occupe l'entreprise qu'il dirige. Le service dans lequel travaille Papa est concerné.

Apparemment, ce n'est pas une bonne nouvelle !
« Mais ton service vient de recruter une dizaine de personnes ! » proteste Maman.
Papa parle alors de « crise » et de « stratégie d'entreprise ».
Maman s'emporte.
« Ce n'est pas possible ! tempête-t-elle. On vient juste d'arriver. Vous n'êtes quand même pas des pions ! »
Al ne pipe plus un mot à côté de moi. L'heure est grave. Le ciel s'est de nouveau obscurci à l'horizon…
Mon cerveau fonctionne à toute allure. Je me dis que si Papa n'a plus son travail ici, on va peut-être retourner dans notre ancienne maison, en région parisienne. Au fond, je ne peux m'empêcher d'espérer, même si j'en ressens un peu de honte.
« Une entreprise indienne serait prête

à racheter l'activité en même temps que notre service », explique Papa.
Je me demande ce que cela signifie.
Al, intéressée, me chuchote :
« Et les Indiens, ils vivent où ? »
Je m'apprête à lui répondre lorsque la voix de Maman nous parvient :
« Je vais éteindre, les filles ! »
Al et moi nous précipitons vers l'escalier, à pas de sioux, et sautons dans notre lit. Quand Maman arrive dans la chambre, nous sommes sagement en train de lire. Maman nous serre fort dans ses bras et nous murmure des mots tendres, un peu plus longtemps que d'habitude. Elle ne remarque même pas qu'Al tient son album à l'envers.

CHAPITRE 8

« TO BE MARAICHER OR NOT TO BE MARAICHER ? »

Aujourd'hui, Al est partie jouer chez son copain Tom et je tourne un peu en rond. L'ambiance est morose. Les projets d'installation durable ont été stoppés dans leur élan et l'enthousiasme qui les accompagnait est retombé comme un soufflé au fromage. Le temps a suspendu son vol.

Papa et Maman sont en train de discuter pendant que je fais mine d'être absorbée par mon roman, étendue sur le fauteuil du salon :

« Que va-t-on faire si tu es licencié ? questionne Maman. Penses-tu pouvoir trouver un autre poste dans ton entreprise ?

– Cela risque d'être compliqué dans la situation actuelle. Tout est bloqué pour le moment ! répond Papa.

– Tu devrais te renseigner auprès des autres entreprises de télécommunications de la région. Elles proposent peut-être du travail dans ton domaine ! », suggère Maman, avec une pointe d'espoir dans la voix.

Papa essaie tant bien que mal de rassurer Maman… Rien n'est encore fait, et surtout rien ne sert de s'affoler avant.

Il faut dire que Papa est un optimiste né. Il est toujours content, toujours prêt à trouver le positif dans chaque évènement, chaque personne, chaque objet. Maman dit souvent que de toute façon, Papa pense que rien ne peut lui arriver, que les problèmes tombent toujours à côté, sur les autres, et que les avions attendent qu'il arrive pour décoller ! Papa préfère laisser venir et affronter les problèmes une fois qu'ils sont là. Il est zen !

Maman, elle, réfléchit à toute allure. Elle anticipe chaque possibilité et dans le même temps imagine des solutions de repli. Avec Maman, le hasard se prévoit et elle prend toujours une bonne marge quand elle doit se rendre à un rendez-vous. Papa dit qu'elle envisage toujours le pire et qu'elle s'inquiète pour un rien.

Maman aimerait cependant que Papa prépare un plan de secours. Papa en a un, enfin, je crois. Il annonce que dans le pire des cas, il se formera à un autre métier. Et comme il aime le travail manuel, au grand air, il se voit bien… maraicher !

Il faut que j'aille chercher la définition du mot « maraicher » dans le dico.

Maman part dans un fou rire même si j'ai l'impression qu'elle rit jaune.

« Maraicher ! Mais cela ne s'improvise pas ! s'exclame-t-elle, et c'est quand même très loin de ta formation actuelle ! »

Papa en a conscience, mais il riposte :

« Je suis quand même né à la campagne et certaines choses sont héréditaires ! »

Le ton monte, Maman ne rigole plus.

« Avec un père qui travaille dans une imprimerie et une mère employée de mairie, vocifère-t-elle, ils viendraient d'où tes gènes de maraicher ?

– Mes grands-parents avaient une ferme ! » rétorque Papa, un peu vexé

et visiblement à court d'arguments.
Une porte claque... je crois que la discussion vient de prendre fin. J'abandonne mon fauteuil et je grimpe les marches deux à deux à la recherche de mon dictionnaire.

CHAPITRE 9

LA CRISE ET LES LASAGNES !

Plus tard, quand Al rentre de chez son copain, Papa et Maman nous réunissent pour un conseil de famille. Lors des conseils de famille, il nous arrive de discuter de nos grosses bêtises, comme la fois où j'ai jeté un pot de yaourt vide dans les toilettes, ou de conflits entre sœurs. Mais là, Papa nous annonce de façon grave que c'est la crise. J'ai l'impression qu'un virus très contagieux vient de franchir les portes de la maison.
« C'est quoi, la grise ? interroge Al.

– La crise, reprend Papa. La crise, c'est quand les gens ne sont plus surs de garder leur travail parce que les entreprises qui les emploient prétendent qu'elles n'ont plus assez d'argent pour les payer. »

Al positive :

« Et ça se soigne comment ?

– Les chefs se réunissent, lors d'un conseil, pour prendre des décisions afin d'améliorer la santé de l'entreprise. Comme des docteurs, ils rédigent une ordonnance.

– Alors lenterpise, elle doit prendre du sirop tous les soirs ? reprend Al, avec une pointe d'envie.

– Non, dans le cas de mon en-tre-prise, le conseil a décidé de se séparer de la partie la moins rentable. »

Dans les yeux de ma petite sœur se reflète ma propre incompréhension et je demande :

« Ça veut dire quoi, rentable ?

– Qui rapporte de l'argent! précise Maman. Et il faut beaucoup d'argent pour satisfaire les actionnaires! » rajoute-t-elle à voix basse, à l'intention de Papa.
Al résume, les sourcils et le nez froncés de concentration:
« On enlève la partie de l'entreprise qui rapporte le moins d'argent, comme ça les avionnaires ont plein d'argent, et zou l'entreprise est guérie! C'est ça?
– C'est à peu près cela! Aujourd'hui, malheureusement, c'est le service de Papa qui rapporte le moins d'argent, complète Maman avec un pâle sourire.
Al marque une pause:
« Pauvre Papa! »
Puis elle fixe Maman et assène posément:
« Et Papa, qu'est-ce qu'ils vont en faire?

– En fait, le service de Papa sera échangé contre de l'argent, poursuit Maman. Ce sont des Indiens qui vont l'acheter.
– Et Papa, qu'est-ce qu'ils vont en faire, les Indiens ? répète Al.
– Papa a le choix : soit il essaie de retrouver un travail ailleurs, soit il part avec son service chez les Indiens ! »
Maman est confuse. Elle semble dépassée par la tournure que prend la conversation. Il faut dire qu'Al ne lâche pas l'affaire.
« Et qu'est-ce qu'ils vont lui faire, les Indiens, à Papa ? » insiste-t-elle.
Papa vient au secours de Maman et tente de détendre l'atmosphère. Il nous regarde en plissant les yeux. Avec un air menaçant, il parle à la manière d'un grand chef indien.
« Ils vont me capturer, m'emmener dans leur camp, au milieu de la forêt,

et m'attacher au grand totem, à la vue de tous. Ensuite, ils entameront une danse sacrée sous les feux crépitants et ils essayeront de me faire avouer tout ce que je sais… et vous savez pourquoi ? »

Nous le dévisageons avec des yeux ronds comme des billes, suspendues à ses lèvres.

« Parce que je fais les meilleures lasagnes du monde et que les Indiens veulent en connaitre la recette ! » s'esclaffe alors Papa.

À la tête de Al, je ne suis pas sure qu'il ait rempli son objectif. Papa a parfois un humour un peu spécial…

CHAPITRE 10

D'OÙ VIENNENT LES INDIENS ?

Maman tourne en rond dans le salon, comme une lionne en cage. Al et moi regardons un « C'est pas sorcier » sur les cathédrales. Papa classe des papiers étalés sur la table.
Je dresse l'oreille.
Maman lui chuchote :
« Tu te rends compte, j'ai quitté mon poste en région parisienne pour te suivre et j'ai demandé mon intégration en Loire-Atlantique pour la rentrée prochaine... et on ne sait même pas si tu vas garder ton travail ! »

Maman est maitresse d'école, ou professeur des écoles, comme on dit maintenant. Elle n'a pas repris le travail cette année pour s'occuper de nous et de notre installation. Elle attend d'être mutée en Loire-Atlantique. Ensuite, elle pourra trouver un poste dans une école près de chez nous. Je sais qu'elle envisage de reprendre ses activités rapidement. Maman est impatiente de retrouver une classe et des élèves.
« Si ça se trouve, continue-t-elle à voix basse, dans six mois, tu seras muté de nouveau, à l'autre bout de la France, si ce n'est pas en Inde ! »
Je réalise alors que les Indiens dont Papa parlait ne vivent pas dans des tipis et ne montent pas à cru des chevaux sauvages mais plutôt des éléphants sacrés. Je note qu'il faut que je pense à regarder où se trouve l'Inde sur ma mappemonde, et que je me

renseigne d'avantage sur ce pays! Il me semble qu'une fille de la classe est déjà allée là-bas. Il faudra que j'aille lui demander des infos.

CHAPITRE 11

TARTINES DE MURES ET EMPRUNT BANCAIRE

Aujourd'hui, Maman a un rendez-vous à la banque pour constituer le dossier de prêt qui va nous permettre d'acheter la nouvelle maison. C'est un rendez-vous prévu de longue date. Elle est « en stress » et je vois qu'elle se prépare à y aller à reculons… Autour de la table du petit-déjeuner, elle pose des tas de questions à Papa, qui l'écoute, entre deux volutes de café, l'air encore un peu endormi.

« Ne devrais-je pas l'annuler ? À quoi bon prendre un crédit immobilier si nous devons revendre la maison dans deux ans ? »

Al, toute barbouillée de confiture de mures demande :

« C'est quoi, un crédit mobilier ?

– Un crédit im-mobilier Al, c'est quand la banque nous prête de l'argent pour acheter une maison, explique patiemment Maman.

– Elle est gentille la banque de nous prêter de l'argent, conclue ma petite sœur. Je peux prendre une troisième tartine ? »

Maman proteste tout bas, en regardant Papa :

« Gentille, gentille... ! Pour devenir propriétaires, nous n'avons pas d'autre choix que d'emprunter à une banque ! Elle en profite aussi ! »

Papa acquiesce.

Je poursuis :

« Et comment on lui rend l'argent ?

– Eh bien, enchaine Papa, on lui rend petit à petit, en remboursant chaque mois une somme d'argent. Et ceci pendant de longues années ! Le salaire que je gagne chaque mois permet de rembourser cet emprunt. »
Je ne suis pas tout à fait convaincue :
« Mais elle gagne quoi, la banque, là-dedans ? »
Al vient de retourner sa tartine de confiture sur la nappe… Maman la réprimande d'un regard et lui tend l'éponge. Al s'en saisit, essuie vaguement les trainées violettes et la jette dans l'évier. Ensuite, elle se lèche les doigts… beurk !!!!!
Papa soupire, visiblement nostalgique du calme de ses pensées… Le matin, il est plutôt diesel, comme le taquine souvent Maman.
« En fait, la banque gagne de l'argent parce qu'on lui rembourse plus que ce

qu'elle nous a prêté… pour la remercier en quelque sorte ! »

Ses derniers mots sonnent faux. Pourtant, l'accord me parait honnête. Grâce à la banque, on peut acheter une maison… et grâce à nous, la banque s'enrichit. Je songe que, plus tard, je serai banquière, pour gagner de l'argent grâce aux emprunts des gens qui veulent acheter des maisons. Tout le monde a besoin d'une maison, non ?

Je finis mon chocolat.

En raclant le fond de mon bol, mon cerveau fonctionne à cent à l'heure. Je me dis que peut-être notre pavillon de région parisienne n'est pas encore tout à fait vendu. Après tout, si on ne peut pas rester ici, on pourrait retourner là-bas, près d'Axelle ! Al et moi avions chacune notre chambre, j'avais une place au poney-club, Maman travaillait dans une école maternelle avec des collègues qu'elle appréciait et Papa prétend même qu'il pourrait réintégrer son ancien poste. Près de la capitale, il y a plus de possibilités de travail !

CHAPITRE 12

LE CHOIX

Maman s'assoit lourdement face à Papa. Elle semble découragée.
Alors Papa lui sourit gentiment et lui propose de faire LE point. Pour cela, il suffit de peser le pour et le contre. Dans un plateau de la balance, on met tous les points positifs et dans l'autre plateau, on met les points négatifs. Ensuite, on observe de quel côté penche la balance. Et hop, le choix est fait !
Papa est décidément très fort pour nous montrer la situation sous un angle positif. Il se transforme en un

vrai guide touristique pour la région. Il vante à Maman la cordialité des gens, la sérénité et le dynamisme des communes, la proximité de l'océan, les piqueniques improvisés en soirée sur les bords de la rivière toute proche, les promenades en canoë gonflable sur ses eaux calmes, les pistes cyclables interminables. Il en fait même un peu trop sur la qualité des crêpes, dont Maman raffole.

Maman réfléchit à voix haute… C'est vrai qu'elle apprécie de voir Papa rentrer plus tôt. Il profite davantage de nous. Il est aussi moins fatigué et moins irritable… son nouveau travail est à un quart d'heure seulement de la maison… il évite les embouteillages matin et soir ! Il a même été travailler en vélo quelques fois. Les distances semblent plus courtes d'un point à l'autre. Du coup, tout parait à portée de main, que ce soit la boulangerie, la piscine ou même l'océan ! Le temps se vit pleinement. Et Maman a besoin de temps !

CHAPITRE 13

POURQUOI ON NE ME DEMANDE JAMAIS MON AVIS ?

Au terme de ce bilan, Papa et Maman tombent d'accord sur le fait qu'ils ne veulent pas retourner en région parisienne. Oui, c'est ici qu'ils ont envie de nous voir grandir, dans ce décor coloré, loin de la grisaille, des embouteillages et du stress. Et ils nous annoncent cela comme une excellente nouvelle !

Pourquoi on ne me demande jamais mon avis ?

Finalement, Papa et Maman décident d'acheter la maison... mais avec la moitié du terrain. Un compromis qui permet de baisser le prix de vente! « Du coup, m'explique Maman, on emprunte moins d'argent à la banque. » Maman est un peu déçue car elle rêvait d'un grand jardin plein de fleurs parfumées, mais sa raison l'emporte. Elle m'explique que la vie est une suite de compromis.
Ils décident donc de ne rien changer à la demande de mutation de Maman. Le salaire de Maman nous permettra de tenir en cas de coup dur, si Papa perdait son travail. Papa assure d'ailleurs qu'il trouverait quelque chose à faire de ses dix doigts. Maman lui propose même de discuter avec notre maraicher pour savoir si ce projet aurait des chances de voir le jour.

Mes parents sont de nouveau en mode « sourire » et les projets foisonnent de plus belle.

Mes plans de retour en région parisienne viennent de tomber à l'eau définitivement. Je ne sais même plus si je dois me réjouir ou me mettre à pleurer. Au moins, on ne devra pas déménager de nouveau pour vivre dans des tipis ou dormir dans un bidonville aux portes du Taj Mahal. Je vais de ce pas écrire une lettre à Axelle pour la tenir au courant de la tournure que prennent les évènements.

CHAPITRE 14

L'EMMÉNAGEMENT

Cette semaine, nous avons emménagé dans notre nouvelle maison. Elle est très grande et assez vieille. Papa est impatient de commencer à bricoler dans ces murs, « chargés d'histoire », dit-il. J'ai ma propre chambre, peinte en jaune et vert comme je l'ai demandée. Al a une chambre juste à côté de la mienne, qui ressemble à un aquarium, avec des poissons partout. Je suis contente que nous soyons voisines de palier… je m'étais habituée à l'entendre ronflotter. Cela me berçait…

Notre maison est située juste derrière l'école d'Al et nous pouvons nous y rendre à pied. C'est moi qui déposerai Al à son école avant d'aller en classe lorsque Papa et Maman commenceront tôt le matin. J'ai ma propre clé. C'est une sacrée responsabilité mais je sens bien que j'ai muri durant ces derniers mois. Et Al a promis de marcher très sagement sur le chemin de l'école… On verra !

Dans notre nouveau jardin, nous avons décidé d'aménager un coin, sous le prunier, pour nous construire une cabane avec tout ce qui trainait dans le sous-sol. J'ai dessiné le plan de notre abri qu'Al a colorié. Nous devons le montrer à Papa pour qu'il nous dise si c'est faisable.

À l'école, je me suis fait de nouvelles copines mais c'est avec Camille que je m'entends le mieux. Elle aime lire

autant que moi et nous nous échangeons nos romans préférés. Nous sommes inscrites toutes les deux à l'école de musique. Nous préparons un morceau de piano à quatre mains pour le concert de la fête de la Musique, dans un mois. On commence à avoir le trac.
La seule chose qui nous sépare un peu, c'est que Camille déteste l'eau. Le stage de voile a été un cauchemar pour elle, alors que moi, j'ai adoré naviguer sur un voilier. Jean, le moniteur, est un peu bourru, comme dirait Maman, mais j'ai l'impression d'être aussi libre qu'une mouette quand je suis sur l'eau et que je sens la coque se soulever. Je préfère barrer seule, les cheveux au vent, et surtout pas avec Camille qui pousse des cris aigus et se met à pleurer dès qu'on s'éloigne un peu du rivage ! J'espère que je pourrai

faire un stage de voile pendant les grandes vacances.
Maman n'a pas obtenu de poste fixe pour la rentrée prochaine. Elle sera donc remplaçante et complètera trois classes différentes, dans la commune voisine. Elle n'est pas mécontente d'être si près de la maison même si elle s'attend à avoir beaucoup de travail de préparation. Elle a déjà commencé à trier ses cartons de documents pédagogiques et de livres. Je sens qu'elle est excitée par ce nouveau challenge !
L'autre soir, Papa et Maman nous ont remis une lettre du facteur qui nous annonçait que nous nous rendions le lendemain matin à la SPA pour chercher un petit chaton. Ce fut un des plus beaux jours de ma vie. Toute la soirée, Al et moi avons imaginé notre futur compagnon, préparé un coin dans nos chambres pour l'ac-

cueillir et chercher un prénom pour ce petit chat. Au final, Al a proposé « Minou », et moi « Touffe ». Finalement, ce sera « Chaussette ». Son prénom s'est imposé lorsque nous avons rencontré ce petit chat tout blanc avec sa grande patte noire, qui avait l'allure d'une chaussette noire.
À la SPA, il y avait des dizaines de chats dans un enclos grillagé et aménagé. Certains dormaient sur une branche d'arbre, d'autres jouaient avec de vieilles pelotes de laine. Nous étions tous attendris devant ce spectacle et je me demandais comment il serait possible de choisir un de ces petits félins en laissant tous les autres !
Tout à coup, le gloussement réjoui de ma petite sœur m'a tirée de mes pensées. Je la repérai un peu plus loin, à quatre pattes dans l'herbe, le nez collé au grillage, en grande conver-

sation avec ce chaton blanc et noir, qui ronronnait en se frottant contre le grillage devant Al. Je donnai un coup de coude à Maman en lui désignant ce curieux échange. Al leva le nez et le regard pétillant affirma :
« C'est celui-là notre chat… il est trop mignon, et regarde Papa, il a une chaussette noire, comme toi ! »

Je m'accroupis à côté d'Al et passai ma main à travers le grillage. Le chaton vînt aussitôt se frotter à ma main en quête de caresses… Adjugé ! Il était effectivement trop mignon !
Et c'est ainsi que Chaussette est devenue le cinquième élément de la famille ! Al et moi sommes aux anges. J'ai d'ailleurs décidé de présenter un exposé sur les chats à l'école.

CHAPITRE 15

SONNERIE !

Ce soir, sous le doux bruissement des bouleaux, nous fêtons l'arrivée de Chaussette qui poursuit un lézard. Maman remplit nos verres de jus de pommes.
Al porte sa main pleine de cacahuètes à la bouche sous l'œil désapprobateur de Papa.
Tout à coup, le téléphone sonne. Papa se lève, se dirige vers la maison et décroche. Nous l'attendons pour trinquer mais lorsqu'il nous rejoint, il a la mine grave et les sourcils inquiets. Son air contrarié stoppe net Al dans

sa nouvelle tentative d'accès au bol de cacahuètes. Nous le regardons s'asseoir alors que le temps semble de nouveau s'arrêter. L'année passée défile à toute allure dans ma tête. Je me rends compte qu'à présent, je donnerais beaucoup pour rester ici, sous les bouleaux, entourée de ma famille, à regarder les premiers essais de chasse de notre petite chatte. Nous nous tournons toutes vers Papa. Un sourire se dessine lentement sur ses lèvres tandis qu'il nous adresse un clin d'œil.
Je sens mon cœur s'alléger car je sais au fond de moi que ce qu'il va nous annoncer est une bonne nouvelle.
Je me dis que, quand même, Papa a un drôle de sens de l'humour!

Lexique

▷ **Être licencié** : être privé de son emploi, suite à une rupture du contrat de travail par son employeur.

▷ **Un compromis** : c'est un accord entre des personnes pour respecter l'avis ou les désirs de chacun.

▷ **Un crédit immobilier** : lorsque l'on décide d'acheter un bien immobilier, une maison par exemple, on demande à la banque qu'elle nous prête la somme nécessaire à son achat. On dit qu'elle nous fait crédit de cet argent. On s'engage à lui rendre cette somme, plus des intérêts. Le remboursement s'effectue par petits versements, chaque mois, pendant plusieurs années, jusqu'à parfois plus de 30 ans.

▷ **Un emprunt bancaire** : c'est une somme d'argent prêtée par une banque.

▷ **Une entreprise** : c'est un groupement de personnes qui produit des biens ou des services, généralement dirigé par un conseil d'administration.

- **Un actionnaire** : c'est une personne qui a acheté une ou plusieurs actions d'une entreprise. Une action est un « titre de propriété » qui correspond à une petite partie de l'entreprise. Un actionnaire peut participer au conseil d'administration.

- **Une externalisation** : le conseil d'administration de l'entreprise peut décider de vendre une activité et le service qui travaille sur cette activité à une autre entreprise. Il externalise l'activité, le service.

- **Une intégration** : un enseignant peut demander de quitter l'académie où il travaille et de laquelle il dépend, pour aller travailler dans une autre académie. Il doit d'abord demander l'autorisation de quitter l'académie où il travaille, et il doit ensuite obtenir l'autorisation d'intégrer l'académie où il souhaite travailler.

- **Un maraicher** : un maraicher cultive la terre pour produire des fruits et des légumes.

- **Rentable** : être rentable signifie rapporter de l'argent.

Cet ouvrage est conforme à la nouvelle orthographe.

ISBN : 978-2-7581-1733-9

Société d'Édition et de Diffusion
pour la Recherche et l'Action Pédagogique.
9 rue des Frères-Boudé • BP 10665 • 31106 Toulouse Cedex 1
www.sedrap.fr

Loi n° 49-956 du 16 juillet 1949 sur les publications destinées à la jeunesse.
Dépôt légal : 3e trimestre 2013
réf : LTACRO
Achevé d'imprimer en Espagne par Thalassaprint - Juillet 2019